The Cat and the Moon And Other Bilingual Italian-English Stories for Kids

Pomme Bilingual

Published by Pomme Bilingual, 2024.

While every precaution has been taken in the preparation of this book, the publisher assumes no responsibility for errors or omissions, or for damages resulting from the use of the information contained herein.

THE CAT AND THE MOON AND OTHER BILINGUAL ITALIAN-ENGLISH STORIES FOR KIDS

First edition. October 2, 2024.

Copyright © 2024 Pomme Bilingual.

ISBN: 979-8227352422

Written by Pomme Bilingual.

Table of Contents

Il Piccolo Orso e il Vecchio Albero 1

The Little Bear and the Old Tree 3

Il Topolino e la Stella Cadente 5

The Little Mouse and the Shooting Star 9

Il Gatto e la Luna 13

The Cat and the Moon 17

Il Coniglio e il Vento 21

The Rabbit and the Wind 25

La Tartaruga e l'Onda 29

The Turtle and the Wave 33

Il Cavallo e il Fiore 37

The Horse and the Flower 39

L'Uccellino e il Volo 41

The Little Bird and the Flight 45

La Volpe e il Sole 47

The Fox and the Sun 49

Il Pesce e il Mare 51

The Fish and the Sea 55

La Pioggia e l'Elefante 59

The Rain and the Elephant 63

Il Piccolo Orso e il Vecchio Albero

In una foresta lontana, dove il vento sussurrava tra le foglie e il sole si nascondeva timidamente dietro le nuvole, viveva un piccolo orso di nome Leo. Leo era curioso e pieno di energia. Ogni giorno, esplorava la foresta, correndo tra i fiori e giocando con le farfalle. Ma c'era una parte della foresta che non aveva mai esplorato: quella dove sorgeva un grande e antico albero, il più vecchio di tutti.

Un giorno, preso dalla curiosità, Leo decise di avvicinarsi al vecchio albero. Era enorme, con radici profonde e rami che si estendevano al cielo come braccia. Il piccolo orso si sedette alla base dell'albero e guardò in su, sentendosi molto piccolo in confronto.

"Chi sei tu?" chiese Leo con una voce timida.

L'albero, con una voce bassa e profonda, rispose: "Sono l'albero più antico della foresta. Ho visto molte stagioni passare, ho ascoltato il canto del vento e il silenzio della neve. E tu, chi sei?"

"Sono Leo, il piccolo orso," rispose lui. "Mi piace correre e giocare, ma non ho mai visto nulla di così grande e tranquillo come te."

L'albero sorrise tra le sue foglie. "Se rimani un po', piccolo orso, potresti imparare qualcosa di nuovo."

Leo si sedette accanto all'albero e cominciarono a parlare. Ogni giorno, tornava dall'albero, e ogni giorno imparava qualcosa di nuovo. L'albero raccontava storie di come il vento cambia direzione con il passare del tempo, di come le radici crescono lentamente ma in modo sicuro, e di come ogni cosa nella foresta ha il suo ritmo e il suo tempo.

"Perché non corri e giochi come me?" chiese Leo un giorno, mentre guardava l'albero fermo e immobile.

L'albero rispose con calma: "Ho imparato che c'è un tempo per tutto. Quando ero giovane come te, i miei rami si agitavano nel vento, proprio come fai tu quando corri. Ma con il tempo, ho imparato il valore della pazienza. Ora, sto fermo e ascolto il mondo intorno a me. E tu, piccolo orso, cosa hai imparato?"

Leo rifletté per un momento. "Ho imparato che non bisogna avere fretta. Le cose più importanti richiedono tempo, come le radici che crescono lentamente o le foglie che cambiano colore solo quando è il loro momento."

L'albero sorrise. "Esatto, piccolo orso. La saggezza viene con il tempo, e l'amico più paziente è il migliore insegnante."

Da quel giorno, Leo visitava ogni giorno il vecchio albero, non per imparare qualcosa di nuovo, ma semplicemente per godersi la compagnia del suo saggio amico. Capì che l'amicizia non ha bisogno di parole o di giochi veloci, ma solo di tempo e pazienza.

E così, nel cuore della foresta, il piccolo orso e il vecchio albero rimasero amici per sempre, uniti dal legame invisibile dell'amore e della saggezza.

The Little Bear and the Old Tree

In a distant forest, where the wind whispered through the leaves and the sun shyly hid behind the clouds, lived a little bear named Leo. Leo was curious and full of energy. Every day, he explored the forest, running through the flowers and playing with the butterflies. But there was one part of the forest he had never explored: the one where a great and ancient tree stood, the oldest of all.

One day, driven by curiosity, Leo decided to approach the old tree. It was enormous, with deep roots and branches that stretched up to the sky like arms. The little bear sat at the base of the tree and looked up, feeling very small in comparison.

"Who are you?" asked Leo in a timid voice.

The tree, with a low and deep voice, replied: "I am the oldest tree in the forest. I have seen many seasons pass, I have listened to the song of the wind and the silence of the snow. And who are you?"

"I am Leo, the little bear," he answered. "I like to run and play, but I have never seen anything as big and peaceful as you."

The tree smiled among its leaves. "If you stay for a while, little bear, you might learn something new."

Leo sat next to the tree, and they began to talk. Every day, he returned to the tree, and every day he learned something new. The tree told stories of how the wind changes direction over time, how roots grow slowly but steadily, and how everything in the forest has its own rhythm and time.

"Why don't you run and play like I do?" asked Leo one day, as he watched the tree, still and motionless.

The tree calmly replied: "I've learned that there is a time for everything. When I was young like you, my branches would sway in the wind, just like you do when you run. But over time, I learned the value of patience. Now, I stay still and listen to the world around me. And you, little bear, what have you learned?"

Leo thought for a moment. "I've learned that there's no need to hurry. The most important things take time, like roots that grow slowly or leaves that change color only when it's their time."

The tree smiled. "Exactly, little bear. Wisdom comes with time, and the most patient friend is the best teacher."

From that day on, Leo visited the old tree every day, not to learn something new, but simply to enjoy the company of his wise friend. He understood that friendship doesn't need words or fast games, but only time and patience.

And so, in the heart of the forest, the little bear and the old tree remained friends forever, united by the invisible bond of love and wisdom.

Il Topolino e la Stella Cadente

In una notte serena, sotto un cielo stellato, viveva un piccolo topolino di nome Tito. Tito era il più timido di tutti i topolini della sua tana. Mentre gli altri topolini correvano nei campi e esploravano il mondo senza paura, Tito preferiva rimanere vicino a casa, sempre preoccupato di ciò che poteva trovarsi là fuori.

Una sera, mentre guardava il cielo seduto su una piccola collina, vide una stella cadente attraversare il cielo. Era la prima volta che ne vedeva una, e subito si ricordò di quello che gli aveva raccontato la sua mamma: "Quando vedi una stella cadente, esprimi un desiderio. Le stelle possono realizzare i sogni più grandi."

Con il cuore che batteva forte, Tito chiuse gli occhi e sussurrò: "Vorrei avere il coraggio di esplorare il mondo, come fanno gli altri topolini."

La stella scomparve all'orizzonte e Tito si sentì pieno di speranza. Aspettava che qualcosa cambiasse, che improvvisamente si sentisse diverso, più forte, più coraggioso. Ma nulla accadde.

Il giorno dopo, Tito decise di provare a fare un piccolo passo fuori dalla sua tana. Con le orecchie ben tese e i baffi tremolanti, uscì cautamente nel campo. Ogni suono lo faceva sobbalzare, ogni ombra lo faceva tremare. Ma continuò a camminare, sperando che il desiderio espresso alla stella cadente gli avrebbe presto dato il coraggio di cui aveva bisogno.

Durante il suo cammino, incontrò una rana che saltava vicino allo stagno. "Ciao, piccolo topolino," disse la rana. "Perché sembri così nervoso?"

"Ho espresso un desiderio a una stella cadente," spiegò Tito, "ma non mi sento ancora coraggioso."

La rana sorrise. "Forse il coraggio non arriva tutto in una volta. A volte, ci vuole tempo per capire che è sempre stato dentro di noi."

Tito rifletté sulle parole della rana e continuò il suo viaggio. Più si allontanava dalla tana, più si accorgeva di riuscire a fare cose che non avrebbe mai immaginato. Attraversò un ruscello saltando su delle pietre, esplorò un campo di grano alto e persino trovò il coraggio di parlare con altri piccoli animali lungo la strada.

Ogni passo che faceva, si sentiva un po' più forte, un po' più sicuro di sé. Ma c'era ancora una piccola voce dentro di lui che dubitava. "E se il vero pericolo fosse ancora lì fuori? E se il coraggio che desideravo non fosse abbastanza?"

Proprio in quel momento, il cielo si oscurò e una nuvola minacciosa apparve sopra di lui. Il vento cominciò a soffiare forte, e Tito si trovò solo in mezzo al campo. Si rifugiò sotto una grande foglia e cominciò a tremare di paura. "Ecco, lo sapevo," pensò, "non sono coraggioso."

Ma poi, mentre il vento continuava a ululare, Tito si rese conto di una cosa. Nonostante la paura, nonostante il vento e le nuvole, lui era ancora lì. Non era scappato. Aveva affrontato tutto da solo. E in quel momento capì che il coraggio non significa non avere paura, ma andare avanti nonostante la paura.

Con un respiro profondo, Tito uscì da sotto la foglia e affrontò la tempesta. La pioggia cadeva forte, ma il piccolo topolino continuava a camminare, ogni passo più sicuro del precedente. Finalmente, trovò un riparo sicuro sotto una grande quercia e si riposò.

Quando la tempesta passò, Tito guardò il cielo. Non c'era più una stella cadente, ma non ne aveva più bisogno. Aveva scoperto che il coraggio che aveva desiderato era sempre stato dentro di lui, nascosto tra i suoi dubbi e le sue paure.

Da quel giorno, Tito non si nascose più nella sua tana. Esplorava il mondo con curiosità e determinazione, sapendo che la vera forza non veniva dalle stelle, ma dal suo cuore.

The Little Mouse and the Shooting Star

On a peaceful night, under a starry sky, there lived a little mouse named Tito. Tito was the shyest of all the mice in his burrow. While the other mice ran through the fields and explored the world without fear, Tito preferred to stay close to home, always worried about what might be out there.

One evening, while sitting on a small hill and gazing at the sky, he saw a falling star streak across the sky. It was the first time he had seen one, and he immediately remembered what his mother had told him: "When you see a shooting star, make a wish. Stars can make the biggest dreams come true."

With his heart beating fast, Tito closed his eyes and whispered, "I wish for the courage to explore the world, like the other mice do."

The star disappeared over the horizon, and Tito felt full of hope. He waited for something to change, for him to suddenly feel different, stronger, braver. But nothing happened.

The next day, Tito decided to take a small step outside his burrow. With his ears alert and his whiskers trembling, he cautiously ventured into the field. Every sound made him jump, every shadow made him shiver. But he kept walking, hoping that the wish he made on the shooting star would soon give him the courage he needed.

During his journey, he met a frog hopping near a pond. "Hello, little mouse," said the frog. "Why do you look so nervous?"

"I made a wish on a shooting star," Tito explained, "but I still don't feel brave."

The frog smiled. "Maybe courage doesn't come all at once. Sometimes, it takes time to realize it was inside us all along."

Tito thought about the frog's words and continued on his journey. The farther he got from his burrow, the more he found himself doing things he never imagined he could. He crossed a stream by jumping on stones, explored a field of tall wheat, and even found the courage to talk to other small animals along the way.

With every step he took, he felt a little stronger, a little more confident. But there was still a small voice inside him that doubted. "What if the real danger is still out there? What if the courage I wished for isn't enough?"

Just then, the sky darkened, and a threatening cloud appeared above him. The wind began to blow fiercely, and Tito found himself alone in the middle of the field. He took shelter under a large leaf and began to tremble with fear. "There, I knew it," he thought, "I'm not brave."

But then, as the wind continued to howl, Tito realized something. Despite the fear, despite the wind and the clouds, he was still there. He hadn't run away. He had faced everything by himself. And at that moment, he understood that courage doesn't mean not being afraid but moving forward despite the fear.

With a deep breath, Tito stepped out from under the leaf and faced the storm. The rain poured down hard, but the little mouse kept walking, each step more confident than the last. Finally, he found a safe shelter under a large oak tree and rested.

When the storm passed, Tito looked up at the sky. There was no longer a shooting star, but he no longer needed one. He had discovered that the courage he had wished for had always been inside him, hidden among his doubts and fears.

From that day on, Tito no longer hid in his burrow. He explored the world with curiosity and determination, knowing that true strength didn't come from the stars but from his heart.

Il Gatto e la Luna

C'era una volta un gatto di nome Milo, che viveva in un piccolo villaggio ai piedi di una collina. Milo era famoso per la sua curiosità. Ogni giorno esplorava angoli nascosti del villaggio, saltando su tetti, annusando fiori e inseguendo farfalle. Ma c'era una cosa che affascinava Milo più di qualsiasi altra: la Luna.

Ogni notte, Milo si arrampicava sul tetto della casa più alta e fissava la Luna nel cielo. La trovava bellissima, misteriosa e così lontana. "Se solo potessi toccarla," pensava Milo. "Deve essere magica."

Una sera, mentre la Luna brillava luminosa nel cielo scuro, Milo prese una decisione. "Voglio raggiungere la Luna!" esclamò. Con il cuore pieno di eccitazione e curiosità, il gatto cominciò il suo viaggio.

Milo corse attraverso i campi, saltando tra l'erba alta e scalando rocce, sempre con gli occhi fissi sulla Luna. Ogni tanto si fermava a guardarla, sperando di essere più vicino, ma la Luna sembrava sempre distante. Nonostante questo, Milo non si scoraggiò. "Devo solo continuare a cercare," si disse.

Durante il suo viaggio, Milo incontrò un vecchio gufo seduto su un ramo. "Dove stai andando, piccolo gatto?" chiese il gufo con voce profonda.

"Sto andando a raggiungere la Luna," rispose Milo con entusiasmo. "Deve essere incredibile lassù."

Il gufo sorrise saggio. "La Luna è bella, sì, ma sei sicuro che sia la destinazione giusta per te?"

Milo inclinò la testa, confuso. "Cosa intendi?"

"Molti partono per cercare qualcosa di lontano," spiegò il gufo, "ma a volte scoprono che è il viaggio stesso a insegnare loro ciò di cui hanno veramente bisogno."

Milo ringraziò il gufo, ma era ancora determinato. Continuò il suo cammino, attraversando foreste, scalando colline e persino guadando fiumi. Ogni notte, la Luna brillava sopra di lui, e ogni notte sembrava sempre fuori portata.

Lungo la strada, Milo fece nuove amicizie. Incontrò un coniglio che lo accompagnò per un tratto del suo viaggio, raccontandogli storie di luoghi lontani. Conobbe una volpe che gli insegnò come muoversi silenziosamente nel bosco, e una rana che gli mostrò il modo migliore per attraversare uno stagno.

Il viaggio fu pieno di avventure. Milo esplorò luoghi che non aveva mai immaginato esistessero, imparò nuove abilità e vide il mondo da prospettive diverse. Eppure, ogni volta che guardava la Luna, era ancora lontana.

Una notte, dopo aver scalato una montagna particolarmente ripida, Milo si sedette su una roccia e guardò il cielo. La Luna era lì, brillante come sempre, ma Milo non si sentiva più frustrato come prima. Anzi, si accorse che qualcosa era cambiato dentro di lui.

Ripensò a tutto quello che aveva vissuto: le avventure, le nuove amicizie, le lezioni apprese. Capì che il viaggio gli aveva dato molto più di quanto la Luna potesse mai offrirgli.

Con un sorriso, Milo decise di fermarsi. "Forse non devo toccare la Luna per capire quanto sia speciale," disse a se stesso. "Il viaggio mi ha già dato ciò di cui avevo bisogno."

E così, il gatto curioso che una volta voleva raggiungere la Luna tornò al suo villaggio, ma questa volta con una nuova saggezza. Continuò a guardare la Luna ogni notte, ma ora sapeva che la bellezza non stava solo nella destinazione, ma nel viaggio stesso.

Da quel giorno, Milo esplorò il mondo con ancora più curiosità, sapendo che ogni passo lo portava verso nuove avventure, e che non importa quanto lontano sembrasse un sogno, era il cammino a fare la differenza.

The Cat and the Moon

Once upon a time, there was a cat named Milo who lived in a small village at the foot of a hill. Milo was famous for his curiosity. Every day he explored hidden corners of the village, jumping on rooftops, sniffing flowers, and chasing butterflies. But there was one thing that fascinated Milo more than anything else: the Moon.

Every night, Milo climbed to the roof of the tallest house and stared at the Moon in the sky. He found it beautiful, mysterious, and so far away. "If only I could touch it," Milo thought. "It must be magical."

One evening, as the Moon shone brightly in the dark sky, Milo made a decision. "I want to reach the Moon!" he exclaimed. With a heart full of excitement and curiosity, the cat began his journey.

Milo ran through fields, jumping through tall grass and climbing rocks, always keeping his eyes fixed on the Moon. Every now and then, he stopped to look at it, hoping to be closer, but the Moon always seemed distant. Despite this, Milo didn't get discouraged. "I just have to keep searching," he told himself.

During his journey, Milo met an old owl sitting on a branch. "Where are you going, little cat?" asked the owl in a deep voice.

"I'm going to reach the Moon," Milo replied enthusiastically. "It must be incredible up there."

The owl smiled wisely. "The Moon is beautiful, yes, but are you sure it's the right destination for you?"

Milo tilted his head, confused. "What do you mean?"

"Many set out to seek something far away," explained the owl, "but sometimes they discover that it's the journey itself that teaches them what they really need."

Milo thanked the owl, but he was still determined. He continued his path, crossing forests, climbing hills, and even wading through rivers. Every night, the Moon shone above him, and every night it seemed just out of reach.

Along the way, Milo made new friends. He met a rabbit who accompanied him for part of his journey, telling him stories of faraway places. He met a fox who taught him how to move silently through the woods, and a frog who showed him the best way to cross a pond.

The journey was full of adventures. Milo explored places he had never imagined existed, learned new skills, and saw the world from different perspectives. Yet, every time he looked at the Moon, it was still far away.

One night, after climbing a particularly steep mountain, Milo sat on a rock and looked at the sky. The Moon was there, bright as ever, but Milo no longer felt as frustrated as before. In fact, he realized that something had changed inside him.

He thought back on everything he had experienced: the adventures, the new friendships, the lessons learned. He understood that the journey had given him much more than the Moon ever could.

With a smile, Milo decided to stop. "Maybe I don't need to touch the Moon to understand how special it is," he said to himself. "The journey has already given me what I needed."

And so, the curious cat who once wanted to reach the Moon returned to his village, but this time with new wisdom. He continued to look at the Moon every night, but now he knew that the beauty lay not only in the destination, but in the journey itself.

From that day on, Milo explored the world with even more curiosity, knowing that every step led him to new adventures, and that no matter how far a dream seemed, it was the journey that made the difference.

Il Coniglio e il Vento

———

C'era una volta un coniglio di nome Timo, che viveva in una piccola tana ai margini di un grande campo. Timo era un coniglio tranquillo, amava la serenità e il calore del sole. Ma c'era una cosa che lo spaventava più di ogni altra: il vento.

Ogni volta che il vento cominciava a soffiare tra gli alberi, Timo si nascondeva nella sua tana. Non gli piaceva sentire il fruscio delle foglie o il sibilo dell'aria che passava tra i rami. Il vento sembrava troppo imprevedibile, troppo forte, e questo lo faceva tremare di paura.

Un giorno, il vento cominciò a soffiare più forte del solito. Le foglie volavano in alto, e i rami degli alberi ondeggiavano nel cielo come se danzassero. Timo, impaurito, si rannicchiò nella sua tana, sperando che il vento si fermasse presto. Ma il vento continuava a soffiare e soffiare.

"Perché il vento deve essere così spaventoso?" si chiese Timo. "Non posso mai godermi una giornata tranquilla quando è qui."

Proprio mentre pensava queste parole, una voce leggera sembrò emergere dal vento. "Perché hai paura di me, piccolo coniglio?"

Timo si rizzò sulle zampe, guardandosi intorno spaventato. "Chi ha parlato?" chiese tremante.

"È il vento," rispose la voce gentile. "Non devi avere paura di me. Sono qui per portare messaggi da lontano, da mondi che non hai mai visto."

"Messaggi?" ripeté Timo, curioso nonostante la sua paura. "Cosa vuoi dire?"

"Ogni volta che soffio," spiegò il vento, "porto con me storie di luoghi lontani, profumi di fiori che non crescono qui, e suoni di creature che non hai mai incontrato. Non sono qui per farti del male, ma per condividere ciò che il mondo ha da offrire."

Timo era ancora un po' scettico, ma la sua curiosità iniziava a superare la paura. "Allora, cosa stai portando con te oggi?" chiese con esitazione.

Il vento rispose con un soffio delicato, facendo danzare le foglie intorno a Timo. "Oggi ti porto il profumo di un campo di lavanda che si trova molto lontano da qui, e il suono di un fiume che scorre tra le montagne alte."

Timo chiuse gli occhi e respirò profondamente. In effetti, poteva sentire un dolce profumo nell'aria e, se ascoltava attentamente, sembrava quasi di sentire il mormorio di un fiume in lontananza. La sua paura cominciava a svanire.

"È... è bello," disse Timo con un piccolo sorriso. "Non avevo mai pensato che il vento potesse portare con sé cose così piacevoli."

Il vento ridacchiò dolcemente. "C'è molto di più da scoprire se impari ad ascoltarmi. Il cambiamento non è sempre qualcosa da temere, piccolo coniglio. A volte, porta con sé nuove opportunità e meraviglie."

Da quel giorno, Timo iniziò a vedere il vento sotto una luce diversa. Quando il vento soffiava, invece di nascondersi, usciva dalla sua tana e ascoltava attentamente. Scoprì che ogni volta il vento gli portava qualcosa di nuovo: un frammento di una storia lontana, il canto di un uccello esotico, o il suono di onde che si infrangevano su una spiaggia che non aveva mai visto.

Con il tempo, Timo imparò a non avere più paura del vento, ma a vederlo come un amico che portava il mondo fino alla sua piccola tana. E ogni volta che il vento soffia ancora, Timo lo accoglie con un sorriso, sapendo che porta con sé un nuovo messaggio, una nuova storia, e un assaggio di un mondo più grande di quanto avesse mai immaginato.

The Rabbit and the Wind

Once upon a time, there was a rabbit named Timo, who lived in a small burrow at the edge of a large field. Timo was a quiet rabbit; he loved the serenity and warmth of the sun. But there was one thing that scared him more than anything else: the wind.

Every time the wind began to blow through the trees, Timo would hide in his burrow. He didn't like the rustling of the leaves or the whistling of the air as it passed through the branches. The wind seemed too unpredictable, too strong, and it made him tremble with fear.

One day, the wind began to blow harder than usual. The leaves flew high, and the branches of the trees swayed in the sky as if they were dancing. Timo, terrified, curled up in his burrow, hoping the wind would stop soon. But the wind kept blowing and blowing.

"Why does the wind have to be so scary?" Timo wondered. "I can never enjoy a peaceful day when it's around."

Just as he was thinking these words, a soft voice seemed to emerge from the wind. "Why are you afraid of me, little rabbit?"

Timo stood up on his paws, looking around frightened. "Who spoke?" he asked, trembling.

"It's the wind," the gentle voice replied. "You don't need to be afraid of me. I am here to bring messages from faraway places, from worlds you've never seen."

"Messages?" Timo repeated, curious despite his fear. "What do you mean?"

"Every time I blow," explained the wind, "I carry with me stories from distant places, scents of flowers that don't grow here, and sounds of creatures you've never encountered. I'm not here to harm you but to share what the world has to offer."

Timo was still a bit skeptical, but his curiosity began to overcome his fear. "So, what are you bringing with you today?" he asked hesitantly.

The wind responded with a gentle breeze, making the leaves dance around Timo. "Today I bring you the scent of a lavender field that is far away from here, and the sound of a river flowing between tall mountains."

Timo closed his eyes and took a deep breath. Indeed, he could smell a sweet fragrance in the air, and if he listened carefully, it almost sounded like the murmur of a distant river. His fear began to fade.

"It's... it's beautiful," Timo said with a small smile. "I never thought the wind could bring such pleasant things."

The wind chuckled softly. "There's much more to discover if you learn to listen to me. Change isn't always something to fear, little rabbit. Sometimes it brings new opportunities and wonders."

From that day on, Timo began to see the wind in a different light. When the wind blew, instead of hiding, he would come out of his burrow and listen closely. He discovered that each time, the wind brought him something new: a fragment of a distant story, the song of an exotic bird, or the sound of waves crashing on a shore he had never seen.

Over time, Timo learned not to fear the wind anymore but to see it as a friend who brought the world to his small burrow. And every time the wind blows again, Timo welcomes it with a smile, knowing it carries a new message, a new story, and a taste of a world bigger than he ever imagined.

La Tartaruga e l'Onda

C'era una volta una giovane tartaruga di nome Lara, che viveva su una tranquilla spiaggia di sabbia bianca. Lara era curiosa e sognava di esplorare il vasto oceano, ma ogni volta che si avvicinava all'acqua, si fermava. L'idea di tuffarsi nell'oceano sconosciuto la faceva sentire insicura e un po' spaventata.

"E se l'oceano è troppo grande per me?" pensava Lara. "E se non so nuotare bene abbastanza?"

Così, ogni giorno, mentre le altre tartarughe nuotavano felicemente tra le onde, Lara rimaneva sulla riva, osservando da lontano. Nonostante il suo desiderio di esplorare, la paura di ciò che non conosceva la teneva ancorata alla terra.

Un giorno, mentre il sole iniziava a scendere sull'orizzonte, una grande onda si avvicinò alla riva, più lentamente delle altre. Invece di infrangersi rumorosamente sulla spiaggia, si avvicinò dolcemente a Lara, lambendo appena le sue zampe.

"Ciao, piccola tartaruga," sussurrò l'onda. "Perché non vieni a giocare nell'acqua?"

Lara si tirò indietro, sorpresa di sentire una voce così gentile. "Ho paura," rispose timidamente. "Non so se posso fidarmi dell'oceano. È così grande, e io sono così piccola."

L'onda ridacchiò dolcemente, facendo brillare piccole scintille di schiuma sulla superficie dell'acqua. "Capisco la tua paura," disse l'onda. "Ma l'oceano non è qui per spaventarti. È qui per accoglierti. Ogni onda ha il suo ritmo, e se impari a sentirlo, scoprirai che puoi muoverti con noi senza timore."

Lara osservò l'onda, confusa. "Come posso fidarmi di qualcosa che non conosco?"

"Non devi conoscere tutto subito," spiegò l'onda con pazienza. "Basta fare un passo alla volta. Sentirai il ritmo della natura, il movimento dell'acqua, e capirai che ogni cosa ha un suo flusso. Fidati del processo."

Incuriosita, Lara si avvicinò un po' di più, lasciando che l'acqua le bagnasse le zampe. Era fresca e piacevole, e per un attimo Lara si sentì un po' meno spaventata.

"Vedi?" disse l'onda dolcemente. "Non tutto quello che sembra sconosciuto è pericoloso. La natura ha il suo modo di prenderti per mano, se solo impari ad ascoltare."

Lara annuì lentamente, respirando profondamente. "Forse potrei provare," disse, sentendo un pizzico di coraggio crescere dentro di sé.

L'onda si fece un po' più grande, invitante. "Lascia che ti guidi. Non c'è fretta. Segui solo il mio ritmo, e presto scoprirai che il mare è un luogo meraviglioso."

Con il cuore che batteva forte, Lara fece un altro passo nell'acqua, e poi un altro ancora, finché l'acqua le arrivò alla pancia. Sentì l'onda sollevarla dolcemente, facendola galleggiare, e si accorse che il movimento del mare era più dolce di quanto avesse immaginato.

"Stai andando benissimo," disse l'onda. "Senti come ti porto con me? È tutto un gioco di fiducia. Fidati di me, e fidati di te stessa."

Lara, che inizialmente aveva avuto paura di affondare, ora si sentiva leggera, come se l'acqua la sostenesse in un abbraccio gentile. Cominciò a muovere le zampe lentamente, seguendo il ritmo dell'onda. Era come danzare con la natura.

Con il passare del tempo, Lara si sentiva sempre più a suo agio. L'oceano, che un tempo le sembrava così spaventoso, ora era un amico che le mostrava nuove meraviglie ad ogni colpo di pinna.

Quando tornò sulla spiaggia al tramonto, Lara si voltò verso l'onda e sorrise. "Grazie," disse. "Mi hai insegnato a fidarmi del mare... e di me stessa."

L'onda fece un piccolo inchino, mandando uno spruzzo d'acqua scintillante nel cielo. "Ricorda, piccola tartaruga, il ritmo della vita è ovunque. Basta ascoltarlo e lasciarsi portare."

Da quel giorno, Lara non ebbe più paura dell'oceano. Ogni mattina, correva verso l'acqua, pronta a esplorare nuove avventure, sapendo che ogni onda era lì per guidarla e che la natura aveva il suo ritmo, proprio come il battito del suo cuore.

The Turtle and the Wave

O nce upon a time, there was a young turtle named Lara, who lived on a quiet beach of white sand. Lara was curious and dreamed of exploring the vast ocean, but every time she got close to the water, she stopped. The idea of diving into the unknown ocean made her feel uncertain and a little scared.

"What if the ocean is too big for me?" Lara thought. "What if I can't swim well enough?"

So, every day, while the other turtles happily swam among the waves, Lara stayed on the shore, watching from a distance. Despite her desire to explore, the fear of the unknown kept her anchored to the land.

One day, as the sun began to set on the horizon, a large wave approached the shore, more slowly than the others. Instead of crashing noisily onto the beach, it gently moved toward Lara, just barely touching her feet.

"Hello, little turtle," whispered the wave. "Why don't you come and play in the water?"

Lara stepped back, surprised to hear such a gentle voice. "I'm afraid," she answered timidly. "I don't know if I can trust the ocean. It's so big, and I'm so small."

The wave chuckled softly, making tiny sparks of foam shimmer on the surface of the water. "I understand your fear," said the wave. "But the ocean is not here to scare you. It's here to welcome you. Every wave has its rhythm, and if you learn to feel it, you'll discover you can move with us without fear."

Lara looked at the wave, confused. "How can I trust something I don't know?"

"You don't need to know everything right away," the wave explained patiently. "Just take it one step at a time. You'll feel the rhythm of nature, the movement of the water, and you'll understand that everything flows in its own way. Trust the process."

Curious, Lara moved a little closer, letting the water wash over her feet. It was cool and pleasant, and for a moment, Lara felt a little less afraid.

"See?" said the wave gently. "Not everything that seems unfamiliar is dangerous. Nature has its way of holding your hand, if you just learn to listen."

Lara slowly nodded, taking a deep breath. "Maybe I could try," she said, feeling a bit of courage growing inside her.

The wave grew a little larger, inviting. "Let me guide you. There's no rush. Just follow my rhythm, and soon you'll discover that the sea is a wonderful place."

With her heart pounding, Lara took another step into the water, then another, until the water reached her belly. She felt the wave gently lift her, making her float, and realized that the movement of the sea was softer than she had imagined.

"You're doing great," said the wave. "Do you feel how I carry you? It's all a game of trust. Trust me, and trust yourself."

Lara, who had initially been afraid of sinking, now felt light, as if the water was holding her in a gentle embrace. She began to move her legs slowly, following the rhythm of the wave. It was like dancing with nature.

As time passed, Lara felt more and more comfortable. The ocean, which had once seemed so frightening, was now a friend showing her new wonders with every stroke of her flippers.

When she returned to the beach at sunset, Lara turned to the wave and smiled. "Thank you," she said. "You taught me to trust the sea... and myself."

The wave gave a small bow, sending a spray of sparkling water into the sky. "Remember, little turtle, the rhythm of life is everywhere. Just listen to it and let yourself be carried along."

From that day on, Lara was no longer afraid of the ocean. Every morning, she ran toward the water, ready to explore new adventures, knowing that every wave was there to guide her and that nature had its rhythm, just like the beating of her heart.

Il Cavallo e il Fiore

C'era una volta un cavallo maestoso di nome Ares, che viveva in un vasto prato verde. Ares era forte e veloce, conosciuto in tutto il regno per la sua potenza. Ma un giorno, mentre correva nel prato, notò qualcosa di insolito. Curioso, si avvicinò e vide una piccola, delicata fiorellino giallo che cresceva tra l'erba alta.

Il fiore sembrava così fragile e vulnerabile, tremolando dolcemente al vento. Ares si fermò, colpito dalla sua bellezza. "Ciao, piccolo fiore," disse il cavallo con una voce profonda e gentile. "Sei così piccolo eppure così bello. Come fai a rimanere qui, in questo vasto prato?"

Il fiore rispose con un lieve fruscio, "Ciao, Ares. Anche se sono piccolo, ho una forza speciale. La mia bellezza e il mio profumo attirano gli insetti e aiutano a far crescere altre piante. Ogni giorno, faccio la mia parte per rendere il prato più bello."

Ares, sorpreso, rifletté su quelle parole. "Ma sei così vulnerabile. Cosa succederebbe se arrivasse una tempesta o se qualcuno ti calpestasse?" chiese, preoccupato.

"È vero," rispose il fiore. "Ma non ho bisogno di essere grande o forte per essere utile. La mia forza sta nella mia capacità di rimanere qui e di crescere. E tu, Ares, con la tua grande forza, puoi proteggermi."

Il cavallo abbassò la testa, rendendosi conto che la forza non era solo fisica. "Non avevo mai pensato a questo," ammise. "Ho sempre creduto che solo i grandi e i forti potessero fare la differenza. Ma ora vedo che anche la gentilezza e la protezione hanno un grande valore."

Da quel giorno, Ares decise di prendersi cura del fiore. Ogni mattina, si assicurava che nessun animale potesse calpestarlo e che fosse protetto dalle intemperie. In cambio, il fiore fioriva con ancora più splendore, riempiendo il prato di profumi e colori vivaci.

Il cavallo e il fiore divennero amici inseparabili. Ares imparò che la vera forza non è solo nell'essere il più grande o il più veloce, ma anche nell'essere gentile e nel proteggere ciò che è fragile.

E così, nel vasto prato, il cavallo e il fiore insegnarono a tutti che la forza e la gentilezza possono andare di pari passo, rendendo il mondo un posto migliore.

The Horse and the Flower

Once upon a time, there was a majestic horse named Ares, who lived in a vast green meadow. Ares was strong and fast, known throughout the kingdom for his power. But one day, while he was running in the meadow, he noticed something unusual. Curious, he approached and saw a small, delicate yellow flower growing among the tall grass.

The flower looked so fragile and vulnerable, gently swaying in the wind. Ares stopped, struck by its beauty. "Hello, little flower," said the horse in a deep and gentle voice. "You are so small yet so beautiful. How do you stay here, in this vast meadow?"

The flower replied with a soft rustle, "Hello, Ares. Even though I am small, I have a special strength. My beauty and fragrance attract insects and help other plants to grow. Every day, I do my part to make the meadow more beautiful."

Ares, surprised, reflected on those words. "But you are so vulnerable. What would happen if a storm came or if someone stepped on you?" he asked, concerned.

"That's true," replied the flower. "But I don't need to be big or strong to be useful. My strength lies in my ability to stay here and grow. And you, Ares, with your great strength, can protect me."

The horse lowered his head, realizing that strength was not just physical. "I had never thought of this," he admitted. "I always believed that only the big and strong could make a difference. But now I see that kindness and protection also hold great value."

From that day on, Ares decided to take care of the flower. Every morning, he made sure that no animal could step on it and that it was protected from the elements. In return, the flower bloomed even more splendidly, filling the meadow with vibrant colors and fragrances.

The horse and the flower became inseparable friends. Ares learned that true strength is not just in being the biggest or the fastest, but also in being gentle and in protecting what is fragile.

And so, in the vast meadow, the horse and the flower taught everyone that strength and kindness can go hand in hand, making the world a better place.

L'Uccellino e il Volo

C'era una volta un giovane uccellino di nome Pietro, che viveva in un nido caldo e accogliente, situato tra i rami di un grande albero. Ogni giorno, Pietro guardava i suoi genitori volare nel cielo blu, e desiderava anche lui provare l'emozione del volo. Ma ogni volta che pensava di lasciare il nido, un forte senso di paura lo bloccava.

"E se non riuscissi a volare? E se cadesse?" pensava, tremando al solo pensiero di avventurarsi fuori dal suo rifugio.

Un giorno, mentre il sole splendeva e il vento soffiava dolcemente, la mamma di Pietro si avvicinò al suo nido. "È tempo che tu provi a volare, piccolo," disse con una voce dolce e incoraggiante. "Non c'è nulla da temere. Io sono qui con te."

Pietro guardò il cielo e sentì il battito del suo cuore accelerare. "Ma cosa succede se non riesco? Se non posso seguire il tuo esempio?" chiese, preoccupato.

"Ricorda," rispose la mamma, "ogni grande volo inizia con un piccolo passo. Devi avere fiducia nelle tue ali. Il volo è la tua natura, e io ti guiderò."

Con il cuore in tumulto, Pietro si avvicinò al bordo del nido. La sua mamma lo incoraggiava, facendo un lieve movimento delle ali. "Dai, piccolo, è ora di provare. Senti il vento sotto di te? Lascia che ti sollevi."

Pietro chiuse gli occhi per un momento e respirò profondamente. Si concentrò sulla voce della madre, che lo riempiva di coraggio. Aprì gli occhi e, con un gran balzo, si lanciò nel vuoto.

Inizialmente, il suo cuore gli batteva forte mentre cadeva. Ma poi, all'improvviso, le sue ali si aprirono e cominciò a batterle. Sentì una sensazione di libertà e leggerezza, come se il mondo intero lo sostenesse.

"Bravo, Pietro!" esclamò la mamma, volando accanto a lui. "Vedi? Hai già preso il volo!"

Pietro, felice e sorpreso, cominciò a muoversi nel cielo. Girò e volteggiò, sentendosi sempre più sicuro. Scoprì che il volo era un gioco meraviglioso, e che con ogni battito d'ali cresceva in fiducia.

"Non aver paura di cadere," lo esortò la mamma. "È parte della crescita. Ogni volta che atterri, puoi ripartire più forte di prima."

Dopo aver volato per un po', Pietro si sentì stanco ma felice. Tornò al nido, dove la mamma lo aspettava con un sorriso. "Hai visto? Hai imparato a fidarti delle tue ali e a goderti la libertà del volo!"

Da quel giorno, Pietro volò ogni giorno, scoprendo nuove altezze e nuove avventure. Imparò che il volo era un simbolo di libertà e crescita, e che ogni piccolo passo era un grande traguardo.

E così, nel grande cielo blu, il piccolo uccellino non ebbe più paura di volare, sapendo che il suo cuore e le sue ali lo avrebbero sempre guidato verso la libertà.

The Little Bird and the Flight

Once upon a time, there was a young bird named Pietro, who lived in a warm and cozy nest located among the branches of a large tree. Every day, Pietro watched his parents fly in the blue sky, and he too longed to experience the thrill of flight. But every time he thought about leaving the nest, a strong sense of fear held him back.

"What if I can't fly? What if I fall?" he thought, trembling at the very thought of venturing out of his safe haven.

One day, while the sun was shining and the wind was gently blowing, Pietro's mother approached his nest. "It's time for you to try flying, little one," she said in a sweet and encouraging voice. "There's nothing to fear. I'm here with you."

Pietro looked at the sky and felt his heart racing. "But what happens if I can't? What if I can't follow your example?" he asked, worried.

"Remember," his mother replied, "every great flight begins with a small step. You must trust your wings. Flight is your nature, and I will guide you."

With his heart in turmoil, Pietro approached the edge of the nest. His mother encouraged him with a gentle flap of her wings. "Come on, little one, it's time to try. Do you feel the wind beneath you? Let it lift you up."

Pietro closed his eyes for a moment and took a deep breath. He focused on his mother's voice, which filled him with courage. He opened his eyes and, with a great leap, he launched into the air.

At first, his heart raced as he fell. But then, suddenly, his wings opened, and he began to flap them. He felt a sensation of freedom and lightness, as if the whole world was supporting him.

"Bravo, Pietro!" exclaimed his mother, flying alongside him. "See? You're already flying!"

Pietro, happy and surprised, began to move through the sky. He twirled and soared, feeling more confident with each passing moment. He discovered that flying was a wonderful game, and with every flap of his wings, he grew in confidence.

"Don't be afraid to fall," his mother urged him. "It's part of growth. Every time you land, you can take off again stronger than before."

After flying for a while, Pietro felt tired but happy. He returned to the nest, where his mother awaited him with a smile. "Did you see? You learned to trust your wings and enjoy the freedom of flight!"

From that day on, Pietro flew every day, discovering new heights and new adventures. He learned that flight was a symbol of freedom and growth, and that every small step was a great achievement.

And so, in the vast blue sky, the little bird no longer feared flying, knowing that his heart and wings would always guide him toward freedom.

La Volpe e il Sole

C'era una volta una volpe astuta di nome Lira, che viveva in una fitta foresta. Un giorno, mentre esplorava il suo territorio, Lira si accorse della meravigliosa luce del sole che filtrava attraverso gli alberi. La calda luce dorata la avvolgeva come un abbraccio, e Lira ne fu affascinata.

"Vorrei sapere quale sia il segreto di questa calda luce," pensò tra sé. "Se solo potessi scoprirlo, potrei portare questa calda sensazione ovunque."

Determinata a trovare il segreto del sole, Lira iniziò il suo viaggio. Incontrò un vecchio gufo saggio mentre si muoveva attraverso il bosco. "Ciao, signor Gufo," disse Lira. "Sai qual è il segreto del sole? Voglio portare la sua calda luce con me."

Il gufo sorrise e rispose: "Il sole non ha un segreto nascosto. La sua luce e il suo calore derivano dall'amore e dalla gentilezza che offre al mondo. Se desideri la sua calda luce, devi prima portare calore e gentilezza agli altri."

Lira rifletté su queste parole, ma non era ancora del tutto convinta. Continuò il suo viaggio e, poco dopo, vide un coniglio tremante che cercava rifugio sotto un cespuglio. "Perché sei così spaventato, piccolo coniglio?" chiese Lira.

"Ho paura dei predatori," rispose il coniglio, "e non so dove andare per essere al sicuro."

Senza pensarci due volte, Lira si avvicinò al coniglio e gli offrì la sua compagnia. "Restiamo insieme. Ti proteggerò," disse con un sorriso. Il coniglio si sentì subito più sicuro e, insieme, si allontanarono dal pericolo.

Continuando il suo cammino, Lira si imbatté in un uccellino che aveva perso il suo nido. "Non preoccuparti," disse Lira, "ti aiuterò a trovare un nuovo posto dove costruire il tuo nido." La volpe guidò l'uccellino a una bella zona con alberi accoglienti, e l'uccellino ringraziò Lira con un canto felice.

Mentre aiutava gli altri, Lira cominciò a sentire una calda sensazione nel suo cuore. Ogni atto di gentilezza sembrava aggiungere un raggio di sole alla sua anima. "Forse il gufo aveva ragione," pensò Lira. "Il calore che cercavo non viene solo dal sole, ma anche da ciò che faccio per gli altri."

Infine, dopo una lunga giornata di scoperte e buone azioni, Lira si sedette su una collina e guardò il sole tramontare. La luce dorata si rifletteva nei suoi occhi, e sentì un profondo senso di felicità e soddisfazione. Il sole sembrava brillare ancora di più, come se avesse notato il calore che Lira aveva condiviso.

Da quel giorno, Lira comprese che il vero segreto del sole era la gentilezza. Decise di portare sempre con sé questa luce, illuminando la vita di coloro che incontrava lungo il cammino.

E così, la volpe e il sole divennero inseparabili, entrambi un simbolo di calore e scoperta nel cuore della foresta.

The Fox and the Sun

Once upon a time, there was a clever fox named Lira, who lived in a dense forest. One day, while exploring her territory, Lira noticed the wonderful light of the sun filtering through the trees. The warm golden light enveloped her like a hug, and Lira was fascinated.

"I wish I knew the secret of this warm light," she thought to herself. "If only I could discover it, I could take this warm feeling everywhere."

Determined to find the secret of the sun, Lira began her journey. She met an old wise owl while moving through the woods. "Hello, Mr. Owl," said Lira. "Do you know what the secret of the sun is? I want to bring its warm light with me."

The owl smiled and replied, "The sun has no hidden secret. Its light and warmth come from the love and kindness it offers to the world. If you wish for its warm light, you must first bring warmth and kindness to others."

Lira reflected on these words, but she was still not entirely convinced. She continued her journey, and shortly after, she saw a trembling rabbit seeking shelter under a bush. "Why are you so scared, little rabbit?" asked Lira.

"I'm afraid of predators," replied the rabbit, "and I don't know where to go to be safe."

Without thinking twice, Lira approached the rabbit and offered her company. "Let's stick together. I will protect you," she said with a smile. The rabbit immediately felt safer, and together, they moved away from danger.

As she continued her path, Lira stumbled upon a little bird that had lost its nest. "Don't worry," said Lira, "I will help you find a new place to build your nest." The fox guided the bird to a nice area with welcoming trees, and the little bird thanked Lira with a happy song.

While helping others, Lira began to feel a warm sensation in her heart. Every act of kindness seemed to add a ray of sunshine to her soul. "Maybe the owl was right," thought Lira. "The warmth I was seeking doesn't just come from the sun, but also from what I do for others."

Finally, after a long day of discoveries and good deeds, Lira sat on a hill and watched the sun set. The golden light reflected in her eyes, and she felt a deep sense of happiness and satisfaction. The sun seemed to shine even brighter, as if it had noticed the warmth that Lira had shared.

From that day on, Lira understood that the true secret of the sun was kindness. She decided to always carry this light with her, illuminating the lives of those she met along the way.

And so, the fox and the sun became inseparable, both symbols of warmth and discovery in the heart of the forest.

Il Pesce e il Mare

C'era una volta un piccolo pesce di nome Blu, che viveva nel vasto oceano. Ogni giorno, Blu nuotava tra le onde, osservando la grandezza del mare e sentendosi insignificante. "Che cosa posso fare io, così piccolo, in un posto così immenso?" pensava tristemente.

Un giorno, mentre nuotava vicino a una barriera corallina, Blu vide un gruppo di pesci colorati che danzavano insieme. "Guardali," pensò, "sono così belli e uniti. Io non ho nessuno con cui nuotare."

Sentendosi triste e solo, Blu decise di avventurarsi più lontano nel mare. Nuotò per ore, finché non si trovò in una parte dell'oceano che non aveva mai visto prima. Qui, incontrò un vecchio pesce saggio di nome Nonno Mare.

"Ciao, piccolo," disse Nonno Mare con una voce profonda. "Perché sembri così giù?"

"Mi sento insignificante," rispose Blu. "Il mare è così grande, e io sono così piccolo. Non posso contribuire a nulla."

Nonno Mare sorrise e disse: "Ogni pesce ha un ruolo nel mare. Anche se sei piccolo, hai un'importanza speciale. Sapevi che l'oceano è fatto di tanti pesci come te, e ognuno di noi contribuisce alla bellezza di questo mondo?"

Blu guardò intorno e vide tanti pesci di tutte le forme e colori nuotare insieme, creando un meraviglioso spettacolo. "Ma come posso fare la differenza?" chiese.

"Ogni volta che nuoti, ogni volta che aiuti un altro pesce, fai la tua parte. La comunità è formata da tutti noi," spiegò Nonno Mare. "La tua presenza rende l'oceano più vibrante e vivo."

Blu iniziò a capire che, anche se era piccolo, era parte di qualcosa di molto più grande. "Ma come posso aiutare?" chiese con curiosità.

"Comincia con piccole azioni," suggerì Nonno Mare. "Aiuta un pesce a trovare cibo, nuota con altri pesci o condividi un sorriso. La gentilezza si diffonde come le onde nel mare."

Incoraggiato, Blu decise di tornare indietro e fare la differenza. Incontrò un piccolo pesce che cercava cibo e lo aiutò a trovare un bellissimo campo di alghe. Poi, si unì al gruppo di pesci colorati e danzò con loro, sentendosi parte della comunità.

Con ogni atto di gentilezza, Blu si sentiva sempre più sicuro di sé. Comprese che la sua appartenenza al mare non dipendeva dalla sua grandezza, ma dal suo cuore e dalle sue azioni.

Alla fine della giornata, Blu tornò da Nonno Mare e disse: "Hai ragione! Ogni pesce è importante, e io posso fare la mia parte."

Nonno Mare sorrise. "Ricorda sempre, piccolo pesce: l'oceano è bello perché è composto da tanti pesci come te. Non importa quanto sei piccolo; ciò che conta è il tuo spirito e il tuo amore per la comunità."

E così, Blu nuotò nel mare con rinnovata fiducia, sapendo che ogni pesce, grande o piccolo, aveva un ruolo prezioso nella grande avventura dell'oceano.

The Fish and the Sea

Once upon a time, there was a little fish named Blue who lived in the vast ocean. Every day, Blue swam among the waves, observing the greatness of the sea and feeling insignificant. "What can I do, being so small, in such an immense place?" he thought sadly.

One day, while swimming near a coral reef, Blue saw a group of colorful fish dancing together. "Look at them," he thought, "they're so beautiful and united. I have no one to swim with."

Feeling sad and alone, Blue decided to venture farther into the sea. He swam for hours until he found himself in a part of the ocean he had never seen before. Here, he met an old wise fish named Grandpa Sea.

"Hello, little one," said Grandpa Sea in a deep voice. "Why do you look so down?"

"I feel insignificant," replied Blue. "The sea is so big, and I am so small. I can't contribute to anything."

Grandpa Sea smiled and said, "Every fish has a role in the sea. Even if you are small, you have a special importance. Did you know that the ocean is made up of many fish like you, and each of us contributes to the beauty of this world?"

Blue looked around and saw many fish of all shapes and colors swimming together, creating a wonderful spectacle. "But how can I make a difference?" he asked.

"Every time you swim, every time you help another fish, you do your part. The community is made up of all of us," explained Grandpa Sea. "Your presence makes the ocean more vibrant and alive."

Blue began to understand that, even though he was small, he was part of something much bigger. "But how can I help?" he asked curiously.

"Start with small actions," suggested Grandpa Sea. "Help a fish find food, swim with other fish, or share a smile. Kindness spreads like the waves in the sea."

Encouraged, Blue decided to go back and make a difference. He met a little fish looking for food and helped him find a beautiful patch of seaweed. Then, he joined the group of colorful fish and danced with them, feeling part of the community.

With each act of kindness, Blue felt more and more confident. He realized that his belonging in the sea didn't depend on his size but on his heart and actions.

At the end of the day, Blue returned to Grandpa Sea and said, "You were right! Every fish is important, and I can do my part."

Grandpa Sea smiled. "Always remember, little fish: the ocean is beautiful because it is made up of many fish like you. It doesn't matter how small you are; what counts is your spirit and your love for the community."

And so, Blue swam in the sea with renewed confidence, knowing that every fish, big or small, had a precious role in the great adventure of the ocean.

La Pioggia e l'Elefante

C'era una volta una giovane elefantina di nome Nia, che viveva in una rigogliosa giungla, piena di alberi e animali di ogni tipo. Nonostante la bellezza del suo mondo, Nia aveva una grande paura della pioggia. Ogni volta che le nuvole scure si accumulavano nel cielo e le prime gocce cominciavano a cadere, Nia correva a nascondersi sotto gli alberi più grandi, con il cuore che batteva forte per il timore.

Un giorno, una forte tempesta colpì la giungla. I tuoni ruggivano, il vento soffiava tra gli alberi, e la pioggia cadeva con furia. Nia, tremante, cercava un rifugio sicuro quando si imbatté in una vecchia tartaruga di nome Saggio. A differenza di Nia, Serafino sembrava godersi la pioggia, camminando lentamente tra le gocce d'acqua senza alcuna preoccupazione.

"Perché non hai paura della pioggia?" chiese Nia, sorpresa dalla calma della tartaruga. "È così rumorosa e spaventosa!"

Serafino sorrise dolcemente e rispose: "La pioggia non è da temere, cara Nia. Anche se può sembrare forte e minacciosa, porta con sé un grande dono. La pioggia dà vita alle piante, rinfresca la terra e riempie i fiumi. Senza di essa, la nostra giungla non sarebbe così rigogliosa e verde."

Nia ascoltava attentamente, ma ancora non capiva del tutto. "Ma come può qualcosa di così spaventoso essere così importante?"

Serafino, con la sua saggezza infinita, disse: "A volte, ciò che ci spaventa è solo perché non lo capiamo. Guarda intorno a te: le piante aprono le loro foglie per ricevere l'acqua, e gli animali giocano nelle pozzanghere con gioia. La pioggia, come molte altre cose nella vita, può essere vista come un dono se impariamo a guardarla in modo diverso."

Incuriosita dalle parole di Serafino, Nia decise di seguirlo. Insieme, camminarono attraverso la giungla sotto la pioggia. All'inizio, Nia era ancora un po' spaventata, ma presto cominciò a notare ciò che Serafino le aveva mostrato. Gli alberi sembravano più vivi, gli animali più felici, e l'aria più fresca e pulita. La pioggia, che prima le sembrava una minaccia, ora le appariva come qualcosa di meraviglioso.

Piano piano, Nia iniziò a sentire meno paura e più gioia. Si fermò e alzò la proboscide verso il cielo, lasciando che le gocce di pioggia le bagnassero il viso. Ridacchiò tra sé, divertita dalla nuova sensazione. "Forse la pioggia non è così male," disse.

Serafino annuì, con un sorriso saggio e soddisfatto. "Ricorda, Nia, la paura è solo una parte di ciò che non comprendiamo. Ma se ci prendiamo il tempo di osservare e imparare, possiamo trovare bellezza anche nelle cose che ci sembrano spaventose."

Dopo quella giornata, Nia non si nascose più quando la pioggia iniziava a cadere. Invece, accoglieva la pioggia con gioia, ricordando sempre le parole di Serafino. Ora, ogni tempesta diventava un'opportunità per crescere e apprezzare di più il mondo che la circondava.

Alla fine, Nia capì che la pioggia, come molte sfide nella vita, ci aiuta a crescere e a scoprire parti di noi stessi che non sapevamo esistere. Grazie a Serafino, aveva imparato che anche la paura può essere superata con la giusta dose di saggezza e comprensione.

E così, Nia e Serafino continuarono a camminare insieme nella giungla, godendosi la bellezza della pioggia e condividendo molte altre avventure.

The Rain and the Elephant

Once upon a time, there was a young elephant named Nia who lived in a lush jungle, full of trees and animals of all kinds. Despite the beauty of her world, Nia had a great fear of the rain. Every time dark clouds gathered in the sky and the first drops began to fall, Nia would run to hide under the largest trees, her heart pounding with fear.

One day, a strong storm hit the jungle. The thunder roared, the wind blew through the trees, and the rain fell furiously. Trembling, Nia was looking for a safe shelter when she came across an old tortoise named Serafino. Unlike Nia, Serafino seemed to enjoy the rain, walking slowly through the drops of water without any worry.

"Why aren't you afraid of the rain?" asked Nia, surprised by the tortoise's calmness. "It's so loud and scary!"

Serafino smiled gently and replied, "The rain is not to be feared, dear Nia. Even though it may seem strong and threatening, it brings with it a great gift. The rain gives life to the plants, refreshes the earth, and fills the rivers. Without it, our jungle would not be so lush and green."

Nia listened carefully, but still didn't fully understand. "But how can something so frightening be so important?"

Serafino, with his infinite wisdom, said, "Sometimes, what scares us is only because we don't understand it. Look around you: the plants open their leaves to receive the water, and the animals play joyfully in the puddles. Rain, like many things in life, can be seen as a gift if we learn to look at it differently."

Curious about Serafino's words, Nia decided to follow him. Together, they walked through the jungle in the rain. At first, Nia was still a little scared, but soon she began to notice what Serafino had shown her. The trees seemed more alive, the animals happier, and the air fresher and cleaner. The rain, which had once seemed a threat to her, now appeared as something wonderful.

Little by little, Nia began to feel less fear and more joy. She stopped and lifted her trunk toward the sky, letting the raindrops wet her face. She giggled to herself, amused by the new sensation. "Maybe the rain isn't so bad," she said.

Serafino nodded, with a wise and satisfied smile. "Remember, Nia, fear is just a part of what we don't understand. But if we take the time to observe and learn, we can find beauty even in things that seem scary to us."

After that day, Nia no longer hid when the rain started to fall. Instead, she welcomed it with joy, always remembering Serafino's words. Now, every storm became an opportunity to grow and better appreciate the world around her.

In the end, Nia understood that rain, like many challenges in life, helps us grow and discover parts of ourselves we didn't know existed. Thanks to Serafino, she had learned that even fear can be overcome with the right amount of wisdom and understanding.

And so, Nia and Serafino continued walking together through the jungle, enjoying the beauty of the rain and sharing many more adventures.

65